Impressum:

Autorin: Monika Müller
                 Groot Kamp 14
                 26835 Firrel
                 monika-muelller7@ewetel.net

Bildrechte   Alle Bildrechte dieses Buches liegen
                 ausschließlich bei der Autorin dieses
                 Werkes und wurden von Ihr gemalt.

Lektorat: Helma Gerjets

Satz und Gestaltung:
                 Reepsholter Verlag
                 Langstraßer Weg 8
                 26 446 Reepsholt

Herstellung und Verlag: BoD – Books on Demand,
                        Norderstedt

ISBN: 9783756832064

Nu de tweede Tass Tee

Monika Müller

Inhalt

Dat Blömenbeet 7

De Gewitterkiste 10

De Minirock 12

De neje Hood 16

Krüüzotter in`t Moor 19

Kinnertön 23

Neje Pannen 27

Oma is krank 30

Opa`s Piep 34

Pulteravend 37

Rührei mit Speck 40

Schmusen achter d` Wall 44

Sönndag 48

Eten un Drinken 52

De Bostrock 55

Överraschung an Wiehnachten 59

Kollen Snuut 63

Dat Plumpsklo 66

Resümee 69

Dat Blömenbeet

„Oma, düür ik mi en Blömenbeet moken?" froog ik mien Oma. Ik much geern Blömen in d` Sömmer lieden, wenn de mooi bleiden un man de van wieden al ruken kunn. Mien Fründin harr bi hör Ollern ok en Blömenbeet. Ik wull ok sowat hebben. Oma un ik gungen na buten un keken, waar ik en Blömenbeet henmaken kunn. Ganz an Enn van uns Tuun sull ik man mien Blömen hen saien. Oma wies mi, wo dat Beet umgraben wurr, noch glatt harken un denn kunn ik mien Saat daar in streien. Ik harr Blömensaat van mien Fründin kregen und Oma harr ok noch wat liggen, wat se mi woll schenken wull.

„Du musst de avers jeden Dag geten, dat de nich verdröögt!" seggt Oma. „Ik pass daar up, dat de jeden Dag Water kriegt." versprook ik Oma. Jede Dag bün ik nu hengahn un hebb mien Blömensaat Water geven. Na en kört Sett keken de erste lüttje, gröne Spitzen ut Grund. Ik hebb Oma holt un hebb hör dat wiest. „Nee mien Kind, dat is noch Unkruud, wat daar ruutkiekt. Dat musst du daar utrieten, annerns bliffst daar kien Baas över. „Ik glööv de Saat weer nich good!" segg ik an Oma. „ Daar kummt ja gar nix!" „Du musst ok en bietje Geduld hebben!" seggt Oma, „So gau geiht dat ok nich. De möten ja eerst in Grund kienen!" Ik kunn dat gar

7

nich ofwachten, bit de eerste Blömen in mien Garden anfungen to wasen.

Na en paar Daag kweem daar weer wat Grööns ut Eer. Dat sach avers anners ut as Unkruut . „Oma, kannst du woll even kieken of dat ok Unkruud is, dat sücht heel anners ut!" froog ik Oma. „ Dat sünd Blömen, de daar nu utkieken. Dat word wat. Nu musst du uppassen, dat de Sniggen dien Blömen nich upfreten!" seggt se. „Wat sünd dat denn för Blömen?" froog ik Oma. „Dat sünd Tagetes, de möögt Sniggen besünners geern. Gah man eben na Opa in d` Schüür, he sall di even en bietje Saagmehl geven, dat streien wi daar umto. Dat möög de Sniggen nich, de möten daar dör krupen, dat doont de nich. Viellicht hest Glück un de Deren laten dien Blömen stahn. Du musst de Blömen nu binanner weg maken, de gröttste Stamm düürt stahn blieven. De annern kannst ok noch inplanten, daar word seker ok noch wat van!" Se hett mi dat all wesen, wo dat gung.

Dag för Dag gung ik hen to kieken, of de Blömen nach daar weren. Jeden Dag hebbt de Water kregen und dat Unkruud hebb ik ok ruut plückt. De Blömen wurren al gröter un irgendwenner weren de eerste Bleihten to sehn. Ik weer stolt as Otto. „Oma, Oma, mien Blömen bleihen, un so mooi!" reep ik Oma to. „Kiek even. Oma nu komm doch, mien Blömen sünd so mooi." Wat weer ik stolt up mien egen plant Blömen. „Jo, mien Kind, de laten richtig mooi, dat hest du würkelk good maakt!" Oma weer reinweg wat stolt up mi. Token Jahr plant ik ok weer Blömen an, dat hett mi richtig Spaß mokt. Un de Sniggen hebbt mien Blömen ok tofree laten. Ik glööv de möögt kien Tagetes. Lang hebb ik Freid an mien Blömen hat. Bit in d` Harvst hebbt de so mooi bleiht und of un to hebb ik daar en van plückt un mit na d` School hen nahmen. As de Blömen Saatbüdels kregen, hebbt Oma und ik de ofplückt un wi harren weer Saat för dat kommende Jahr.

De Gewitterkiste

Fröher gafft dat noch hete Sömmers, un somit ok immer düchtig Gewitter. Wenn dat so stickig in Buten wurr, denn kunnst daar van utgahn, dat dat good knallen de. Opa segg denn immer dat de Düvel an`t fieren is. Oma gaff hum denn futt fix en up Nöös. „Wat vertellst du de Kinner för en Schietkram! Nahst glöven de dat noch." schull se. Oma hol de Gewitterkiste van Dag. De stunn in`t Schlaapkamer boven up Schapp. Daar wass alles drin, wat wichtig weer. Utwies, Spaarbook, Versicherungspolicen, Schlödels, Bibel, Geld un noch mennig anner Saken. De Gewitterkiste weer so en ollen Kokentrumm ut Metall. „ De brannt nich!" segg Oma. Mien Bröör, wies as he weer, seggt: „Wenn ik daar en Rietstick inschmiet, denn brannt de ok." „Denn kriggst en Moors vull Haue," reep Oma. „Ik riet di de Ohren lang, daar kannst up an," schull se. „Wieso, dat is doch wahr. Wenn ik daar en bietje Füür inschmiet, denn schnuttert de so up." griende he. „Wat büst du frech," segg Oma. „Wenn dien Moder un Vader eerst weer daar sünd, denn kannst wat beleven, dat segg ik di." Oma wurr richtig düll un mien Bröör maak sük daar en Spaaß ut.

Dat Gewitter kweem nu all dichter. Dat blitzde un dönner, dat truck döört heele Leven. Opa harr Vöördöör un Messeldöör open stellt. De Blitz kunn denn vöörn rin un achtern weer ruut, meende he. Dat wurr fröher so doon, wenn en kollen Schlag kweem.

Wi satten all mit Jacken un Gummistevels um Kökendisk. Mien Bröör leet de Gewitterkiste nich in Ruh. He wull weten, wat daar all in wass un schnüster daar in rum. Oma leet hum gewähren. Se satt bi uns un vertell ut hör Kinnertied. Wat muchen wi dat geern hören, wenn se van fröher vertell. Se harr allerhand Saken in de Kiste upbewahrt. Knopen, Haargummi vör hör Tüüt, de Bibel sach ut, as wenn de bolt utnanner full, Biller van hör Sülvern Hochtied un Münzen ut olle Tied. To jeder Stück kunn se uns wat vertellen. Wi sünd daar gar nich achter komen, dat dat Gewitter al lang vörbi wass. Se hett uns heet Kakao maakt un Tweeback upsmeert. Tüschenin kweem Opa ok in Köken. „Ji sitten daar ja good vör, un ik mööt woll alleen de Deren foren." „Kumm ik maak di ok en Kakao un denn gahnt wi mitnanner hen to melken. Kinner köönt ok mitgahn to Steert fasshollen." segg Oma.

Dat Gewitter truck wieder, de Sünn kweem weer ruut un de Gewitterkiste kweem weer in Schlaapkamer up Schapp. De kweem eerst weer bi de nächste Gewitterschuur up Tafel.

De Minirock

Oh, wat en mojen Dag. De Sünn schien al mooi warm van d` Hemel. Dat wass Sömmer un en heel besünner Dag. Ik harr Geburtsdag. Darteihn Jahr wurr ik. „Nu büst al en grode Wicht!" seggt Oma. „Noch en paar Jahr un denn kannst heiraden!" meen d` Opa. „Jo!" seggt Oma. „Hauptsaak nich so en oll Dwarsbüngel as Opa! Söök di man en Keerl, de di up Hannen draggt. De mööt di leev hebben." reep se. „Ik hebb di ok leev!" seggt Opa an Oma un drückt hör en Duutje up Wange.

Ik wull ja noch gar nich heiraden. Eerstmal mien Geburtsdag fieren. Bün ja maal gespannt, wat ik to mien Geburtsdag för Geschenke krieg. Nu avers ruut ut Bedd un antrecken. Unnern in Köken satten Oma und Opa, mien Süster un Bröör un mien Moder. De hebbt al up mi luurt. Papa weer na d` Arbeid. Wat hebb ik mi freiht, as se mi all to mien Geburtsdag graleer hebbt. Up Tafel legen mien Geschenken. „Nu pack man ut!" reep mien Bröör. „Ik will sehn, wat du all kregen hest." „Du hest doch kien Geburtsdag!" seggt Oma an mien Bröör. Nu laat dat Kind man eben in Ruh!" reep se.

Ik weer so gespannt. In dat eerst Paket wass en Book. Hanni und Nanni heet dat. Dat harr ik mi so wünscht. Dat tweede wass en Knippke. Nu kunn ik daar mien Taschengeld indoon un bruuk dat nich mehr verstoppen. Dat darte Paket föhl sük week an. Daar weer bestimmt wat to antrecken in. „Nu pack wieder ut. Daar liggen noch twee Paketen." drängel mien Bröör. Ik hebb dat Papier daar fein sacht un sinnig of maakt un to Vörschien kweem en Minirock. Oh wat hebb ik mi freiht. Endlich harr ik ok en Minirock. De meeste Wichter in mien Klasse harren ok en. Wat hebb ik mien Moder daar faken mit in d` Ohren legen, ik wull ok en hebben. De wull ik futt na d` School antrecken. „Probeer de man eben an of de passen deit!" seggt mien Moder. „Anners mööt ik de weer umtuschen, wenn de nicht passt." meen se.

Ik bün in Oma un Opas Schlaapstuuv gahn un hebb de Rock antrucken. In dat Oller de man sük ja al en bietje schamen, wenn man sük vör annern uttrecken de. Un mien Bröör satt ja ok in d` Köken, de bruukt dat erst recht nich sehn.

Vull stolt bün ik mit mien Minirock in Köken gahn un hebb mi hen un her dreiht. Opa is Gebitt bold to d` Mund ruutfallen. „Wat is dat denn? So wullt du doch woll nich na d` School hen! Di kann man ja bit na d` Halleluja kieken!" schull he. „Wat hebbt ji dat Kind daar denn köfft. Denn kann se ja futt up Schlüpfer lopen. Daar is ja gar kien Warmte an." reep he. „Opa, dat is Sömmer un de Rock is modern." segg ik tegen hüm. Mi stunnen Tranen in d ` Ogen. Ik harr mi so up de Rock freiht. „Treck

13

man lever en wullen Unnerbüx an, denn kriggst dat ok nich mit Blaas!" reep he. „Opa, dat is Sömmer un wöötst du wo warm dat is?" segg nu mien Moder. „Papperlapapp, wat good för Kolle is, is ok good för Warmte. Ik hebb immer wullen sülmsbreide Socken an!" reep Opa. „Jo, dat ruckt man ok, dien Foten stand ja in d' egen Saft. Bi disse Warmte ok noch dicke Socken an!" reep Moder. „Nu holt man up to bölken. Navers denken, wi hauen uns to d' Döör un Fenster ut!" seggt Oma. „Jo, dat stimmt!" seggt tomal Oll Jan. „Jasses, hest du uns nu verjaggt. Waar kummst du denn upmaal her!" froog Oma. Oll Jan is uns Naver un stunn up eenmal in Köken.

Dat sücht heel mooi ut, wat du daar anhest!" segg Oll Jan un meende mien Minirock. „Kiek, hebb ik jo dat nich seggt!" reep Opa. „De oll Paddjack kickt daar ok na. Avers ji mööt dat ja sülms weten. Ik hebb ja sowieso nix to seggen. nörgel he.

„Wenn dat man west!" seggt Oma. Opa truck sien Stevels an un suus na buten. „Ik mag dat woll lieden, sücht heel mooi ut!" Oll Jan was al över tachentig. „Jungedi, büst ja en richtigen Dame wurren. Denn sött de Mannlü woll nich mehr lang up sük wachten laten. Wo old büst denn wurren?" froog Jan. „Darteihn bün ik nu!" antworde ik hüm. „Heel wat moois, so en Rock!" seggt he un lach. Oll Jan harr kien Tann mehr in't Mund. Dat sagg arig ut, wenn he laggen de. „Du büst en ollen Tötjemoors. Seeg to dat du de Dreih kriggst!" schull Oma. Jan griende noch vör sük hen un gung sien Gang.

Ik bün jedenfalls mit mien Minirock na d` School hengahn un ok good daar mit weer kammen. Un ik hebb dat ok nich mit Blaas kregen, so as Opa seggt hett.

De neje Hood

Oma wull en neje Hood hebben. Se quengel al länger, dat se wat neeies bruukt. Opa wull nich so recht Geld daarför utgeven. He meent, dat dat nu ja woll nich nödig de, de olle Hood was ja noch good. Oma weer verdreiht. Jeden Maant legg se sük nu en bietje Melkgeld torügg, so dat Opa daar nich achter kweem. Irgendwenner harr se dat Geld binanner spaart un kunn sük de Hood nu kopen. „Wullt du mit?" froog se mi. Egentlik harr ik kien Lüst, avers Oma wull nich alleen daar hen. Ik hebb mien Rad ut Schuppen holt un wi sünd losfohren.

„Mooi, dat du mit mi geihst. Du büst nu mien Berader." Oha, doch ik, wenn dat Ding nich laten deiht, bün ik schuld. Ik hol mi fein torügg mit mien Menung.

Wi sünd denn in de Laden rin un Oma hett sük en Stück of wat Hoden wiesen laten. In all Farven kunnst de kriegen, bruun, grön un swart. De Verkoperin froog, to wat för en Anlass se de hebben wull. „Jo," segg Oma. „Egentlik sall de vör allens passen. Hochtied, Beerdigung, un wenn ik mal so up Tour will." „Denn is en swarten Hood dat beste!" meende de Verkoperin. Daar gafft dat ja ok noch weck Stück of wat. En mit en Kranz ut Blömen, en mit Gardinenstoff vörlang, oder ok en mit Feern. De Utwahl weer groot. Oma hett de all utprobeert. Tüschenin froog se immer, wo de laten de. Ik funn de all en bietje komisch, avers Oma weer begeistert mit de Feernhood. De Verkoperin meende ok, dat de heel mooi utsacht. „Ik weet nich Oma, de sücht` n bietje komisch ut." De Hood harr achtern so en lange Feer, de kunnst al van wieden sehn. De Verkoperin meende, dat dat im Moment in Mode wass. Oh jasses, hebb ik blot docht, wenn se de Hood nu köfft, wat seggt Opa woll. De word mal in Kopp. Ik funn noch en Hood mit Satinband umto un up End satt en lüttje Fleeg. De leet heel mooi. Avers Oma wull unbedingt de Hood mit de Feer hebben. De hett se denn ok köfft. Mien Menung wurr gar nich mehr froogt. De Verkoperin hett de Hood in en Hoodschachtel doon un seggt to Oma, dat se en moje Stück köfft hett. Ik glööv, de Verkoperin weer blied, dat se de Ladenhüter endlich verköfft hett.

Wi sünd denn ok mit de Feernhood na Huus henfohren. Oma hett de Hood eerstmal in Slaapkamer verstoken. Opa sull dat nich weten. He weer daar ja ok nich mit inverstahn, dat se sük en neje Hood kopen de.

Oha, oha, wat gafft dat anner Dag en Schelleree. Opa schull, as he de Hood sach. „Mit so en Ding up Kopp wullt du doch woll nich mit rumlopen! Du süchst ut as en Zirkuspeerd!" bölkde he. Ik glööv, hum kunnst up Straat hören. Moder kweem van dat

Gebrull in Köken un hett sük bolt weglacht. „Wat hest du daar denn köfft, de hebbt di avers nich good beraden," versöcht se de Striedigkeiten to schlichten. Opa wull sük nich bedaren, he schull all wieder. „Ik gah nargens mehr mit di hen, wenn du dat Ding up Kopp hest, daar jaagst du de Rötten mit to`t Huus ruut."

Kiek, doch ik, denn is dat Ding ja doch noch to wat good. Oma de mi leed. „Ik gah möörn mit hör hen un tuusk de Hood um," bedaar Moder Opa. Oma stunn Brullen in Ogen. Se much de Hood geern lieden, avers se wass woll de enzige glööv ik. Anner Dag is mien Moder mitgahn un hett de Hood weer henbrocht. De Verkoperin weer nich blied, dat se dat Ding weer broch, avers se hett hüm weer torügg nahmen un Oma hett en Hood kregen, de ok en Feer harr, avers en heel lüttjet. So hett se denn doch noch hör Willen kregen un ok Opa wass daar mit tofree un allens weer wedder in`t Lot.

Krüüzotter in`t Moor

All Jahr in d` Sömmer gungen wi in`t Moor to Törf stuken. Moorns, wenn dat noch nich so heet weer, gung dat al los. Oma un mien Moder harren al Botterbrood un Krinthstuut smeert, dat weer vör de Pausen docht. Oma harr Tee maakt, de weer ofköhlt un kweem nu in Buddels. Um de Buddels wickel Oma Zeitungspapier, denn bleven de en Settje länger kolt. In`t Moor weer dat düchtig warm un de Arbeid weer stuur. De Törf muss ofstoken worren. Denn wurr de upstapelt. So kunn de bi de Warmde mooi drögen.

Wi Kinner mussen ok mit helpen. Eerst weer dat ja ok noch licht, avers de Arms wurren uns mit de Tied all länger. „Verhaalt jo man eerst!" reep Oma. „Gaht avers nich sowiet in`t Moor! Daar sünd Krüüzotters, de sünd giftig, wenn de jo bieten. Denn fallen jo so de Arms of!" mahn Opa. „Vertell de Kinner doch nich immer so en Strunt, de glöven dat nahst noch. Du büst en ollen Kauelmors!" schull Oma.

„Los, laat uns even kieken of daar würgelk Slangen sünd!" segg mien Bröör. „Ik weet nich! Wat is, wenn Opa recht hett un daar sünd würgelk Slangen un uns bieten. Denn gahnt wi dood. Dat will ik nich!" segg ik. „Denn mööt wi good uppassen, waar wi hentrampeln. Ik will mal so en Krüüzotter sehn.

Viellicht köönt wi de ja ok fangen?" överleeg he. „Du hest nix, waar du de indoon kannst!" segg ik. „Och, daar finnen wi woll wat!" reep he. „Ik hebb ok al en Idee. Wi nehmen enfach en Buddel mit. Daar waar Tee in is!" segg mien Bröör. He nahm en Buddel un kippt de Tee ut un stook de in sien Büx. He wull nich, dat Oma oder Opa dat sehn de. He wüss genau, dat he denn en Moors vull Schellens kreeg.

Mit de Buddel gungen wi nu up de Söök na Slangen. „Muss mooi still wesen, denn kannst de Slangen hören." Wi hebbt uns in`t Moor hensett un oftöövt of wi woll wat hören kunnen. „Hörst du wat?" froog mien Bröör mi. „Hörst dat?" „Wat?" „Daar zischt wat?" segg he. „Meenst dat! Ik hör nix." segg ik. „Hör doch!" flüster he mi in`t Ohr. „Ik hör nix! Dat bildst du di in!" segg ik to hüm. „Kiek doch, daar kruppt en!" Un würgelk, daar kroop en Slange. As mien Bröör upstunn un achter dat Deer an wull, bün ik utneiht. Ik harr daar tovööl Nood vör. Ik bün na Oma torügg lopen un hebb hör dat vertellt, dat daar en Slange weer un mien Bröör de fangen wull. „Ji sünd ja woll verrückt wurren!" reep Oma. „Waar will he de denn mit fangen?" froog se. „He hett doch de Tee utkippt un de Buddel mitnahmen!" segg ik to hör. „De kann wat beleven." segg se un suus los um mien Bröör to söken. Se harr nu doch Nood kreggen, dat mien Bröör beten wurr van dat Deert.

Mittlerwiel kweem mien Bröör hör al weer tomööt. „Ik harr de Slange bolt hat!" reep mien Bröör hör to. „Du büst ja woll van`t Padd of. Weest du, dat dat gefährlich is, en Slange to fangen. De harr di bieten kunnt. Denn harrst hier nu dood legen!" Oma weer rein weg in Fahrt. „ Du maakst nix as dumme Tügg. Wenn ik dat dien Vader vertell, denn kriggst noch en Moors vull Haue. Verdeent harrst du dat, du Töffel!" Oma kunn sük heel nich weer bedaren. „Dat Deert is so flink wegsluurt, dar kunn ik gar nich tegen kieken!" segg mien Bröör. „Du weetst gar nich, wo vööl Glück du hat hest, dat de di nich beten hett!" reep se. Nu kreeg mien Bröör doch Nood. „Ik hebb hüm ja nich kregen!" segg he. „Du geihst nich weer mit in´t Moor! Di düürt man ja kien fiev Minuten alleen laten!" schull se. Jasses, wat weer Oma düll. Se reeg sük ok noch düchtig up, dat he de Tee weg kippt hett. Nu harren se nix mehr to drinken un mussen döstig weer na Huus. Mien Bröör hett noch en good Packen Schellen kregen van mien Vader. He musst futt na boven in uns Zimmer. „De frett so gau nix mehr ut!" segg Oma. Se kenn mien Bröör avers nich. De harr al weer anner Blödsinn in d` Kopp.

22

Kinnertön

„Oma, wat hett Tant Hilde denn? De hett so en dicke Buuk kregen. Is de krank?" froog mien Süster Oma. „Nee, de kriggt en Pupp!" seggt Oma. Mien Süster wüss daar nix mit antofangen un froog nich wieder. Se hett mi Avends avers vertellt, dat Tant Hilde ok so en Pupp kregg, as wi to Wiehnachten kregen hebbt, so mit lockig Haar un moje Kleer an. „Wo west du dat, dat de lockig Haar hett?" froog ik hör. „Dat hebbt all Puppen!" seggt se.

Een paar Dag later, ik harr gar nich mehr an de Puppe dacht, stunn uns Naver in d` Köken. „ Ik much jo eben Bescheed geven dat Hilde en strammen Jung up Welt brocht hett. Bold 4 Kilo schwor un 51 cm groot !" Mien Süster fullen Ogen bold to`d Kopp ut. Se stött mi an un seggt. „Hör even, wenn de Puppen kriggt, denn weet wi ja waar wi immer nejen herholen köönt." Oma brook bold in Stücken, so hett de lacht. „Nee mien Deern, dat geiht nich, disse Puppke is kien to spölen, so as dien Lisa." Mien Süster truck en Schnut un weg weer se.

„Ik wull jo inladen up Puppvisit!" reep uns Naver. „ Wo heet jo Nakomme denn överhaupt?" froog Oma hüm. „Hanno! Wi hebbt hüm na mien Vader nöömt." „ Och, dat is en mojen Naam!" seggt Oma.

„Segg man an Hilde, dat wi gau maal tokieken doont."

Oma hett Opa dat denn ok vertellt. „Junge di, denn gifft dat ja weer Kinnertön!" freih Opa sück. „ Wat is Kinnertön?" froog mien Süster. „För jede Töhn van dat Kind gifft dat en Glas vull Branntwien mit Rosinen. Dat is lecker !" segg Opa. Mien Süster sett sük up Grund un tell hör Töhnen. „Opa, denn mööst du teihn Glas mit dat Tüüg drinken! Kriggst du dat al up?" froog se. „Opa krigg noch vööl mehr up, wenn de dat good angang hett!" reep Oma. „Un kauel dat Kind nich immer sowat vör, nahst glöövt de dat noch!" schull se mit Opa.

„Waarna schmeckt dat denn?" froog mien Süster wieder. Se wull dat nu genau weten. „Dat is noch nix för di!" reep Oma. „Ik will ok sowat hebben för Lisa. De hebb ik Wiehnachten doch erst kregen!" reep mien Süster. Nu muss Oma sük wat infallen laten. Branntwien mit Rosinen düürs se noch nich. Denn kippt de so ut Socken.

Mien Süster froog all man weg na de Kinnertön. „Kind, dat is nix för di!" seggt Oma. „Avers Opa drinkt dat doch ok, denn kann dat ja nich slecht wesen!" seggt se.
Oma muss sük nu wat infallen laten. Se nahm en Püllpott, de daar Rosinen in un goot daar Appelsaft över. Of dat woll schmeckt? Se segg an mien

Süster dat dat avers noch wat stahn un trecken mööt, anners schmeckt dat nich. Mien Süster kunn dat avers nich ofwachten un wull proberen. Oma hett sük breet slaan laten un hett hör wat to proberen geven. „Bah! Dat mag ik nich, dat is ja Appelsaft mit Rosinen. Ik wull doch Kinnertön hebben!" reep se un fung an to brullen. Oma wüss sük kien Rat. „Wat maak ik nu?" docht se. Se hett de Appelsaft kookt un het daar Puddingpulver inröhrt. So muss se dat Wark nich weg geten. „Blot wat geev ik nu blot dat Kind as Kinnertön?" överlegg se. Hör full nix in, wat se nehmen kunn. Am besten weer, wenn se mien Süster dat seggen de, dat se noch to lüttjet weer för Kinnertön. Se hett dat denn ok versöcht un vertell hör dat man daar ganz komisch van in d`Kopp wurr.

„Wo komisch?" froog mien Süster. „Ja, leep komisch! Man kann nich mehr recht lopen und man sabbelt denn dumm Tügg. Ogen hest verdreiht in d`Kopp stahn. Dien Hannen gahnt daarhen waar de egentliek nich hin sölt. Du maakst denn all so en dumm Tügg!" verklaar Oma hör. „Ossen un duun Lüü mutt man ut Padd gahn!" docht Oma. „Un dat geiht nich weer weg?" wull mien Süster weten. „ Jo, na en Tied geiht dat weer weg, aver wenn denn weer bi Verstand büst, is di slecht un du kriggst denn ok noch Kopppien!" seggt Oma. Oma hett hör düchtig Nood maakt.

„Oma, ik will dat gar nich mehr proberen. Un segg man an Opa, dat he nich vör jeden Töhn en Kinnertön drinken deiht. Denn kummt he ja noit nich weer bi! Is beter wenn he normal in d`Kopp blifft!"seggt mien Süster un fung bold an to brullen. Oma weer blied, dat se hör dat so verklaren kunn, dat Kinnertön nix för lüttje Kinner is. Mien Süster hett in hör ganze Leven noch nie vööl Alkohol drunken. Viellicht hebbt sük Omas Woorden bi hör in d `Kopp brannt. Well weet.

Neje Pannen

Opa wull neje Pannen up Huus hebben. He is up Rad stegen un hett bi en Boounnernehmen a ll utsöcht. De sullen nu ok hannig kamen. Opa harr Navers un Verwandten froogt, of se mit helpen kunnen. Twee Daag bevör de neje Pannen kommen sullen, hebbt se mit all Mann de olle Pannen runner maakt un achter`t Huus upstapelt. Dat gung ruck zuck. Twee Mann stunnen up Dack un twee stunnen unnern un fungen de up. Dat düürs man en paar Stünnen, do weer dat Huus ohne Dack. Se hebbt de Dacklatten, de al rötterg weren uttuuskt un nejen upmaakt. Anner Dag kweem de Boounnernehmer un broch de neje Pannen. Do gung dat weer van vörn los. Twee stunnen unnern un twee up Dack. Wi Kinner hebbt uns dat bekeken, wo flink de dat Huus weer dicht kregen hebbt.

Mien Vedder weer ok bi uns, un harr Langewiel. „Wat maken wi denn nu? Helpen düren wi ja nich mit un ik hebb ok kien Lüst de ganze Tied hier rum to stahn un kieken, wo de de blöde Pannen up Dack maken doont!" segg he. „Willt wi achter`t Huus to spölen! Wi köönt ja Versteken spölen." segg mien Bröör. „Ik hebb en Idee!" reep mien Vedder. „Wi spölen Krieg. Wi nehmen de olle Pannen un smieten uns de tegensietig to. Dat sünd uns Bomben!" reep he. He nahm de erste Pann un

27

smeet mien Bröör de to. De Pann knall mit en Wucht up Grund un full in dusend Stücken. Nu smeet mien Bröör en na mien Vedder hen un ok de full in dusend Stücken. Een na d` anner flog dör de Gegend. Ik hebb mi dat van wieden bekeken un hebb docht dat de dat nich all up Böhn harren. Wenn Opa dat mitkreeg, dat se de ganze Pannen kött smieten, denn kunnen de wat beleven. Ik harr noch gar nich ganz to End docht, do stunn Opa achter`t Huus to düveln.

„Sünd ji verrückt worden. Wat mookt ji daar, ji könnt doch nich de ganze Pannen kött hauen. Wat fallt jo in, wacht man wenn ik jo to packen krieg, ik hau jo de Benen of. Dat olle Kinnerschiet dürrst ok kien fiev Minüten ut Ogen laten. Jo jöökt woll dat Fell." bölkde he. Opa schull as en ollen Ketelböter. Hüm stunn Schuum vör d`Mund. He weer düll as Dobbwater.

Mittlerwiel weren ok mien Vader un mien Unkel achter`t Huus un hebbt dat Malöör ok sehn. Do fung mien Vader ok noch an to bölken. „Laat de mi na Huus kommen, denn sett dat wat!" schull ok mien Vader. Ik weer blied dat ik daar nich mit maakt harr. Mien Bröör kunn wat beleven, dat wüss ik. Mien Bröör un mien Vedder hebbt sük heele Dag nich weer blicken laten. Avends kwammen se denn weer van d`Dag. Avers glöövt man nich, dat dat Gewitter bi Opa un mien Vader vörbi weer. De beid hebbt noch en goden Pack Schellen kregen un se mussen anner Dag all de kötte Stücken mit Hannen binanner söken.

Oma is krank

Oma leep al en paar Daag so komisch to. Se harr so rechtschapen to nix mehr Lüst. Schlapp up Benen un de Knaken deen hör sehr. Un dat midden in Sömmer. „Du warrst doch woll nicht krank?" froog Opa. „Wi willt doch dösken, dat geiht doch nicht, dat du nu krank worrst!" reep he. Opa wurr verdreiht. De Döskemaschine harr he al bestellt. Ok de Lüü, de mit helpen wullen, harr he al Bescheed seggt. Wo nu? Oma kroop midden up Dag in Bedd. Dat weer kien good Teken. Fevers un Hosten quäl hör. Se harr en helen roden Kopp. „Ik glööv, de Doktor mööt kommen! Dat sücht nich good ut!" meende mien Moder. „Ik gah na d` Navers un roop de Doktor an." To de Tied harr noch nich jede Huushollen en Telefon. Blot uns Navers, de harren en. Se is denn ok fix röver lopen un hett de Doktor anropen. „Oh jasses, wat en Schiet!" schull Opa. „Avers viellicht is dat ja nich so leep, un du büst möörn weer gesund! Ik hebb dat nu all bestellt, nu mööt dat gahn." gnutter he.

De Doktor kweem denn ok tegen Avend un hett Oma düchtig unnersöcht. Se muss hosten un deep in- un utamen. „Du hest en Lungenent-zündung!" seggt he an Oma. „Du bliffst nu still up Bedd liggen un verhaalst di eerst good. Ik schriev di daar wat för up un denn geiht di dat gau weer beter. Un wenn dat leper word, denn musst du in

Krankenhuus." Opa dreih bolt an`t Rad. De Froo kunn doch nu nich krank worden. Wo sull dat nu mit dat Dösken gahn. Oh Jasses, wat maakt de daar nu en Hermann van, docht mien Moder. „Dat sall sük möörn woll helpen!" segg se an Opa.

„Laat Oma man eerst weer richtig gesund worren. Ik bün eerstmal na Oma hen in `t Schlaapkamer. Ochher, as so en kranken Hund lag se in dat grode Bedd. „Möörn bün ik de nich mehr!" segg se to mi. „Vannachts holt mi de leev Herrgott!" „Och Oma, nu segg doch nich sowat! Du bliffst seker noch heel lang bi uns." Ik hebb hör över d` Kopp streken un hör Hannen holen. Hör gung dat överhaupt nich good. De Kopp was gleinig rood un se muss immer weer hosten. Wat de mien Oma mi leed. „ Du musst dien Mama möörn helpen, dat de Mannlüü wat to eten kriegen!" „Jo Oma, daar maak di man kien Sörgen um, de sööt woll nich verschmachten." hebb ik hör bedaart.

„Waar du nu man eerst weer gesund, dat is dat Wichtigste. All anner sall woll lopen." Oma weer so mööi van de Fevers, se sleep all man weg. Nu maak Opa sük ok Sörg um hör. So en Lungenentzündung weer nich to verachten. All Stünn keek he bi Oma kört in d` Slaapkamer. Se lagg blass un dudig in`t Bedd.

Anner Dag gung dat los mit dat Dösken. Wat weer dat en heten Dag, de Sünn brannde van Hemel. De Döschkemaschine naih hüm, as wenn de Düvel achter hüm to seet. De Mannlü harren dat all good togang. Ik hebb mien Moder hulpen, dat de wat to eten un drinken kregen. Verschmacht is kien en. De Doktor kweem ok noch tegen Avend un hett Oma nochmal ofhört. „Dien Fevers sünd ja al wat runner gahn, du süchst ok al wat beter ut. De Medikamenten sloogt woll an. Dat is al en good Teken!"

„Wi hebbt hör Swienfett up Bost smeert. Dat sall ok good helpen!" segg Opa an de Doktor. „Jo, dat kann ik mi denken!" antwoord hüm de Doktor un griend över't heel Gesicht." „Ik glööv de Medikamenten helpen beter bi en Lungenent-zündung!" segg de Doktor. „Avers schaden deiht dat nich!" „Ik hebb dat al recht maakt! Daar maakt di man kien Sörg um!" seggt Opa. „Hauptsaak mien Froo geiht dat weer beter, un se kann weer mit up Land to melken!" brummel Opa.

„Du büst bolt weer up Benen, dat glööv mi man!" segg Doktor an Oma. He stunn mit sien Zigarre bi Oma an `t Bedd un brummelde daar allwat her. Ik glööv Oma hett dar nix van verstahn. Se muss noch in Bedd blieven un hör Krankheit utkureeren. Avers dat de hör ok mal ganz good. Opa weer nich ganz so blied dat Oma in Bedd leeg un he nu alleen melken muss. Veerteihn Daag later weer Oma weer up Benen un all gung weer sien Gang.

Opa`s Piep

Opa weer verdreiht. He is möörns al mit schlechte Luun ut Bedd stegen. „Wat hest du denn? Weckse Luus is di denn över`t Leven lopen?" froog Oma hüm bi`t Fröhstück. Se harr vandaag richtig lecker Rührei mit Speck maakt. Se wull Opa maal richtig wat goods doon. Friske Schwartbrood harr se schneden un sülmsmaakt Marmelade stunn up Disk. Nich immer de olle Melkbree de Opa mörns immer eten de, se harr sük richtig in`t Tügg leggt un de Fröhstücksdisk mooi deckt. En Tafeldecken harr Oma ok noch up Disk leggt. Dat sach so mooie ut un wat weer nu? Opa weer verdreiht. Daarbi harren se vandaag Hochtiedsdag un Oma docht, dat Opa daar ok an denken de. Un nu kunnst hüm nix recht maaken. Oma weer trürig.

Opa pruul rum un Oma froog nochmal waarum he so verdreiht weer. „Mien Piep is weg!" secht he un gung ut Köken in d` Stall. „Viellicht liggt de daar ja bi de Kohen." Dat düürs nich lang un Opa weer weer daar. „Ok nich, ik weet nich waar ik de henleggt hebb!" jammer he rum. „Kiek man in dien Jackentasche na, viellicht hest de daar in doon!" överleegg Oma. „Laat uns nu man eerst wat eten. Ik hebb de Tafel so mooi indeckt. Wi hebbt doch vandaag Hochtiedsdag!" reep Oma. Oma gung in Köken un Opa achteran. He gung in Slaapkamer un hol en lüttje Paket. „ Ik hebb uns Hochtiedsdag nich vergeten!" segg he un geev Oma dat Paket. „Nu pack man eben ut!" nöög Opa. Oma wickel dat Papier vörsichtig umto weg un streek dat mooi glatt. Se wull dat weg leggen, sowat kann man ja noch mal bruken. In dat Paket lagen en paar moje schwarte Handskes. Se harr al lang daarvan proot, dat se en paar neje hebben wull. Opa harr good uppasst un hör de köfft.

Na dat Fröhstück gung Opa na buten un wull de Deeren wat to freten vörschmieten. Sien Piep wass immer noch nich weer daar. He wurr al rein weg unruhig. „ Waar is de verdammte Piep?" düwel he rum. He harr överall keken, avers de Piep weer weg.

Opa gung mit en Kaar vull Hei in`t Land un wull dat Peerd wat to freten henschmieten. Mit en Mal sagg he en blonden Kopp achter d` Wall hen nun her lopen. Un ut de Kopp kweem Rook. Opa leet dat Heu fallen un suus bit Wall hoch. Un nu wüss he ok waar sien Piep weer. Mien Bröör harr hüm de ut Taschke nahmen un is daarmit achter d` Wall gahn. He wull mal probeeren, wo dat woll schmecken de. Opa weer kantmal. He schull mit mien Bröör, wat de ruut wull. „Büst du verrückt wurren! Du wullt woll unbedingt en Moors vull Haue hebben. Wach man, wenn ik di to packen kriegg. Geev mi sofort de Piep her!" schull Opa. Mien Bröör weer heel witt in`t Gesicht. So hett he sük verschrucken. „Ik wull doch blot probeeren, wo dat schmeckt!" reep he un schmeet Opa de Piep vör d` Foten. Flink as he weer, naih he ut und verstook sük, dat Opa hüm nich finnen kunn. Opa schull achter hüm an un hett mien Moder dat unner d` Nöös reben. Mien Bröör hett avends, as Vader weer in`t Huus weer nochmaal en Pack vull Schellen kregen. Opa weer blied, dat he sien Piep weer harr un pass nu beter daarup up.

Mien Bröör harr de ganze Dag Döörfall van dat Roken. Dat weer hüm en Lehr, un he hett de Piep noit weer anfaat.

Pulteravend

En Hochtied stunn an. Uns junge Navers harren inladen to Pulteravend un hör Hochtied. Se wullen groot fieren, mit all Navers, Verwandten un Bekannten. Hochtied wullen se in en Saal fieren, avers de Pulteravend sull bi hör up Deel wesen. Oma fraag hör, of se denn ok en Bogen hebben wullen. „Jo, leep geern, wi freiht uns, wenn ji uns daar en bietje Grööntügg henhangen doont!" segg de Brüdigam. „Dat sullen wi woll henkriegen!" seggt Opa. „Laat jo man överraschen."

„Oma, wat is en Brüdigam?" fraag mien Süster. „Dat is en de Eier utbröden deiht!" seggt mien Bröör un lagg sük bold weg. „Wat büst du en Kauelmoors!" reep Oma. „Wenn du dat nich weest, denn wees enfach still!" schull Oma. „En Brüdigam is de Keerl, de heiraden will un de Frau is de Bruud! De hebbt moje Kleer an, Hochtieds-kleer, Anzug un en Bruudkleed. Wenn ji leev sünd, düren ji mit na d` Kark, denn süchst du dat!" seggt Oma an mien Süster. „Düürt wi ok mit na de Hochtiedsfier?" fraag se wieder. „Nee, ik glöov daar sünd ji noch to lüttjet to. Denn mööt ji eerst groot worden. Ik denk, ji könnt noch mennig Hochtied fieren, wenn ji groot sünd!" Mien Süster truck en Schnut. Se wull immer achteran, wenn sowat weer.
Avends gungen Oma und Opa un mien Ollern nu hen to Bogen maken. De Mannlüü hebbt en Gestell

mit Dannengröön bunnen un de Froolüü hebbt daar Schleifen to maakt, in rood un witt.

De Dag waar de Bogen upstellt worden sull, kweem dichter un wi düürsen mit to upstellen. Dat Gestell wurr vör d` Döör stellt un en Girlande harren de Mannlüü ok noch bunnen. Nu mussen de Naversfrooen de Schleifen daar anknütten. Oh, wat sach dat mooi ut.

Oma harr Tranen in Ogen as dat Bruudpaar in de Bogen stunn. Se hebbt sük düchtig freiht un hebbt al inladen up Deel Pulteravend to fieren. En paar van hör Bekannten harren ok old Porzellan mitbrocht. Dat schmeten de nu all up Grund. Dat gung ja al kött. Mien Süster stunn mit groot Ogen un keek sük dat an. „ Nu kiek eben, dat schmieten de all kött. Wat harren wi daar noch mooi mit spölen kunnt." reep se. Se leep los un fraag de Lüü of se woll en of twee Tassen kriegen kunn. „Wullt du ok wat köttschmieten?" fraag en Froo hör. „Nee, Oma gifft uns nix mehr to spölen, denn kann ik doch hier wat van kriegen, wenn ji dat doch köttschmieten doont!" Se greep sük en paar Tassen un suus daar mit los. De Froo hett sük bold weglacht un hett hör noch en Teepott mitgeven.

Nu gung dat up Deel wieder to fieren. Dat Bruudpaar harr sük nich lumpen laten un dragen good wat to eten un to drinken up. Dat gafft allerhand to schlickern un Sprudel ut lüttje Budels, mit Strohhalms. Överall stunnen Banken un Dischen. De Deel harren se mooi utschmückt mit Blömen un Dischdekens. Nöten un Saltstangen stunnen daar up. Kunnst sovööl eten un drinken as d'rin gung. De Mannlüü kregen Schnaps un de Foolüü Likör.

As dat al wat later weer, gung dat los mit Danz up de Deel. Mit Handörgel un Düvelsgeige wurr Musik maakt. „Wo de Nordseewellen trecken an de Strand" un „Mien Ostfreesland, miene Heimat" sungen al mit. Of un to sungen se „Harren wi noch man Lüttjen." Denn gung dat Bruutpaar weer mit Buddel los un schunk jede wat in. För uns Kinner weer dat en Beleevnis, sowat harren wi noch noit mitmaakt.

„So, nu is för jo avers Fierabend, ji möten nu in't Nüst!" segg uns Moder. Se harr woll mitkregen, dat de en of anner van de Mannlüü en lüttjen in d' Kopp kreeg un wull nich, dat wi dat mitkriegen. Mien Süster weer ok al witt um Nöös to, de weer so mööi un schleep tüschenin al up Moder's Schoot. Se is mit uns na Huus gahn un mien Vader is daar bleven un hett noch wat wieder fiert.
Up de Hochtied dürsen wi nich mit. Mien Oma is mit uns in Huus bleven. Dat Bruudpaar hett düchtig mit all Lüü, de se inladen harren, fiert un hebbt nu al bold Golden Hochtied.

Rührei mit Speck

Opa wass alleen in `t Huus. Oma weer mit en paar Froolü up Tour. Nu muss he en ganzen Dag alleen klar kamen. Dat weer nich so eenfach. Oma maak ja mörgens al Tee un schneede de dicke Stücken van de grote Schwartbrood of. Se hull sük de vör d` Bost un schneed mit de grote Broodmess glieke Stücken of. Dat harr se good in d` Griff.

Mörgens gung dat ok noch good. Oma harr vörsörgt un Opa Tee maakt un Brood ofschneden. Zucker stunn ok up Tafel. He much gern Schwartbrood mit Zucker. Instippen in Tee, dat weer vör hüm wat leckers. Wurst un Kääs bruuk he nich. Middags schull he sück Updröögt Bohnen warm maken. Oma harr de en Dag vördem al kookt un ok noch en dicken Mettwurst lagg in d` Pott. Daar sull he woll satt an wurren. Oma weer noch heel nich up Padd, do stunn Oll Jan ok al in d` Döör.

„Wullt du ok mit up Tour?" froog he. „ Dat weest du doch good, Berta geiht ok doch mit!" reep Oma. „Denn passt man up, dat ji ok good weer kaamt!" reep Jan. „Nich dat mien Berta verloren geiht, denn mööt ik mi ja glatt en neje Froo söken! Daar hebb ik kien Lüst to!" seggt Oll Jan. „Daar bruukst kien Nood vör hebben!" seggt Opa. „De geiht nich verloren. De is wies genoog, de nimmt anners nüms!" „Segg dat nich! Well weet, wat de all utfrett, wenn de alleen up Padd is!" reep Oll Jan. „Ji sünd nu al bolt 50 jahr verheiraad, meenst dat de sük noch en anner Mannminschke söcht! Daar maak di man kien Hoopnung, de blifft!" seggt Oma, truck hör neei Jacke an un hör neei Hood harr se ok up. „Maakt jo man en mojen Dag, wi doont dat ok!" reep se un weer ok al ut Döör ruut.

Wat mookt wi denn nu de heele Dag ohne Froolü?" froog Oll Jan. „Hest du nix to doon?" froog Opa. Hüm gung de Frageree van Jan up`n Geist. „Jo, dat woll, avers so ohn Berta, ik weet nich. Well maakt mi nu denn Tee, wenn se nich daar ist?" reep he. „Un wat sall ik van Middag blot eten." „Hett se di nix henstellt, wat du di warm moken kannst?" froog Opa. „Jo dat woll, avers dat mag ik nich twee Daag achter nanner!" reep he. „Denn hau di Eier in Pann. De schmecken immer!" schloog Opa hüm vör. „Of leggen dien Höhner kien mehr?" „Jo, jo, de leggen good." drömel he vör sük hen.

Jan sabbel noch wat vör sük hen un gung denn weer sien Weg. Opa gung in d` Stall un versörg de Deeren. He harr noch genoog to doon un de Tied suus man so. Upmal schloog Karktoorn al twalv Maal. Middag. Opa wull nett rin un sien Updröögt Bohnen warm moken, do stunn Jan weer vör hüm mit n`Stück of wat Eier in Hand. „Hier, ganz frisch ut Höhnerhuck holt!" reep he Opa to. „Willt wi uns van Middag Rührei mit Speck moken?" froog he.

Jan hol ut sien Stalljacke en Paket mit Speck. „De hebb ik noch in`t Schapp funnen! Berta hett de daar woll henleggt, dat de noch wat drögen deiht, avers ik glööv de schmeckt woll al!"

Opa kunn nu ok schlecht nee seggen, nu wo he de moje gleinige Speck sach. Se gungen mitnanner in Köken un holen de grote Pann van Dag. „Eerst mööt wi de Speck anbraden!" reep Jan. He harr dat woll al bi Berta sehn, wo de dat maakt. Opa schmeet noch en Stück Holt in Ovend un sett de Pann up Füür. De Speck kringel sük in Pann. Nu kunnen de Eier ok daar mit rin. Jan hau de Eier an Kant van Pann kött un leet de daar sacht inglieden. „Wovööl sall ik in Pann hauen?" froog he Opa. „Och, daar schmiet man good wat in, ik hebb Schmacht!" reep Opa. Jan hau teihn Eier kött, dat sull woll genoog weren. He röhr dat good um un schmeet noch wat Solt daarto.

Opa harr al twee Tellers up Disk stellt un hol nu dat frischke Schwartbrot ut Schapp, Botter harr he ok funnen un nu kunnen se sük dat Rührei mit Speck mundjen laten. „Jungedi, dat schmeckt good, dat hest mooi braden!" weer Opa blied. He leet sük dat richtig good schmecken. De Pann weer ruckzuck löss un beid Mannlü weren vull bit unner`t Kinn. „Ik glööv, nu mööt wi eerst en Sett mit Moors up Sofa! Ik bün so satt, dat mööt eerst verdaut worden!" seggt Jan. „Jo, ik ok!" reep Opa, stödte noch good up un reef sien Buuk. Nu muss he sük blot noch wat utdenken, wat he Oma vertellen sull, waarüm he de Updröögt Bohnen nich eten hett, avers daar sull hum ok woll wat infallen.

Schmusen achter d` Wall

„Wat is dat doch för en mojen Sönndag", reep Oma. „Wi köönt nahst woll eben in d` Busch gahn un kieken of de Nöten woll al riep sünd.

Wenn man bi uns dat Gröönland hochlopen de, denn kweemst direkt in en groten Busch mit mennig Nötenboom. De wassen so lecker, wenn de riep weren. En dicken Appelboom mit dicke Pundappels stunn daar ok bi. Oma wull en Emmer vull daarvan upsöken un Appelmuus maken. „Kinners!" reep se. „Möörn wenn ji ut School kamt gifft dat Pannkoken mit Appelmuus." Jasses, mi leep Water nu al in d` Mund tosamen. Avers eerst mussen wi ja de Appels upsöken. Opa wull ok mit, denn kunn he uns Peerd, wat daar in`t Gröönland leep, futt Water geven. „Ik will ok mit!" reep mien Bröör. „Ik will up Nori rieden!" Dat Peerd heet so, well hüm de Naam geven hett, weet ik nich mehr. „Nix daarvan!" schull Oma. „Du wullt di woll de Poten breken, wenn du daar runner fallst. Daar word nix van!" Kört na Middag, as Oma un Opa hör Middagsstünn up harren, gung dat los. Wi weren al en good Sett an`t upsöken un mien Bröör fung al so sacht an to rum mulen. He harr kien Lüst mehr. Ik mutt avers togeven, dat ik ok nich mehr vööl Lüst harr, de olle Appels uptosöken, ok wiel daar al so en gliederig Tügg an weer. „Dat hebbt Schniggen doon! De möögt geern Appels! Dat düürt ji ruhig mit

44

upeten! Denn glitt dat mooi weer to d` Mors ruut!"
seggt Opa. He hett sük daar över amüseert un van
Oma kreeg he weer Schellens, wiel he immer blot
dumm Tügg proten de.

Oma un Opa lepen, na dat se de Appels upsöcht
harren, na dat Peerd un wi Kinner in d` Busch. Wi
weren daar faker to spölen. Wi klautern up Boom,
spölen Verstecken, un wi hebbt uns dar mooi
Höhlen baut. En oll Bunker was daar ok noch, daar
kropen wi geern in, wenn dat maal anfung to
Regen.

An d` Kant van de Busch weer en Wall lang. Wi
lepen all dree so tegenanner her, kieneen segg
wat. Up eenmal kunnst van wieden en Gegacker
hören. Richtig luut weer dat Froominske an`t
lachen. Ik wull nett wat seggen, daar hollt mien
Bröör mi de Hand vör d` Mund. „Pssst, nix seggen!"
Sacht sünd wi up al veeren an d` Wall langkropen,
waar dat Lachen weg kwamm. Sehn kunnen wi hör
nicht, avers hören, wo de daar an`t rumtütjen
weren. „Hee, laat dat!" reep dat Wicht. „Du düürst
mi nich anpacken!" „Och!" segg de Jung. „Blot en
bietje schmusen. Wat hest du ok moje Bosten!"
smeichel he rum. Mien Süster flüster mi in`t Ohr,
waarum se denn en Bössel mit in`t Busch nahmen
hett. Se wüsst in hör Oller noch nicht, wat mit
Bosten meent weer. Se weer ja eerst negen Jahr
old un harr daarvan ja noch kien Ahnung. Mien

Bröör hull sük de Hannen vör d` Mund, anners harr he so loslaggt. Nu kunnst weer hören wo de Jung dat Wicht weer wat in`t Ohr flüstern de. „Laat mi di doch en Dutje doon!" flüster he. „Nee, büst du mal in d` Kopp!" reep dat Wicht. „Un dat waar dat noch so hell is, daar ward nix van!

Wenn uns hier en sücht!" reep se. „Wieso, hier is doch nüms. Nu stell di doch nich so an. Van en Dutje kriggst nich futt en Kind!" lach he los. „ Good, avers blot en up mien Wange, un en ganz lüttjen!" reep dat Wicht.

Mien Bröör kunn dat ja nich ut good holen un wull de beiden nu so richtig verschrecken. He kroop bi de Wall hoch un wull na anner Siet krupen. Wat he nicht bedocht harr in sien Wiesnösigkeit was de Weidezaun un daar satt richtig Zunder up. Junge di nee, wat maak mien Bröör en Gebrull as he de Stromschlag in d` Kopp kregg. Dat Wicht un de Jung sprungen up un nu kunnen wi sehn, well daar achter d` Wall lag. Naverswicht Anita satt daar mit en Jung ut Naversdörp. De keken hennig bedröövt, as se uns upmaal sehn hebbt. „Wat maakt ji denn hier?" reep se un de Klöör in hör Gesicht weer as Weitenmehl, so witt. „Wi plücken Appels un Nöten!" reep mien Süster. „Oma un Opa lopen daar achtern ok noch!" segg ik to hör. „Wat, oha, wenn de mi hier mit en Jung sehnt un Moder oder Vader dat vertellt, denn kann ik wat beleven!" brull se al bold los. Ik kunn dat gar nich good hebben. Se harr richtig Nood. „Ji düren dat nich naseggen, dat ik hier weer!" reep Anita.

Nu weer dat ja so, dat de Ollern van Anita leep na`t Good weren. De dürsen nicht weten, dat se sük mit en Jung achter d` Wall drapen de. Dat hett mien Bröör futt wahrnahmen. „Du Anita, dien Ollern düren ja seker nix daarvan weten, wa!" griende he. „Nee, büst maal!" reep Anita. „De hauen mi de Benen of. Seggt daar blot nix van na!" Se harr reinweg wat Nood. Un mien Bröör hett dat futt utnützt. „Denn willt wi daar man nix van seggen!" verspraak he Anita. „Avers so of un to en paar Bontjes to schlickern, weer ja ok nich verkehrt." Anita hett de Wink futt begrepen un wi harren in tokommend Tied immer Bontjes in d` Tasche.

48

Sönndag

Sönndagsmiddags in mien Kinnertied. Middageten kweem um twalf Uhr up Tafel. Gaar of nich gaar, egal, um twalf Uhr wurr eten. Mestens gafft dat denn richtig Stipppott mit Gemüüs. Dat Fleesk un ok dat Gemüse kweem al up Tied up Ovend, dat wurr regelrecht doodkookt. Schwienfleesk harren wi ja sülms. Dat Schwien wurr över`t Jahr fett maakt un in Harvst hung dat arm Deert an d` Ledder. Tuffels un Gemüüs harren Oma un Opa in d ` egen Tuun. Dat smook heel anners as vandaag. Wenn man dat Fleesk in Pott smieten de, denn bleev dat Stück so groot as he vörtied ok weer.

As Naspies kook Oma al en Dag vördem Pudding. Vanillepudding mit Stücken, wiel se de Pudding nich klumpenfreei anröhren de. Denn harrst tomal bit Eten so`n ollen bitteren Puddingkrömmel tüschen Tannen. Döör de Pudding röhr se noch Eiersneei, dat much ik ok nich, wenn de Eisneei unner de Pudding röhrt word, mööt de Pudding temelk ofköhlt wesen, anners harrst daar weer Stücken in. Nee, de Pudding weer nich dat, wat ik geern eten de.

Opa satt al in sien Stohl un luur up dat Middageten. He harr Schmacht un um halv twee wull he Radio hören. Up Dütschlandfunk lepen Sönndags immer de „Lustige Musikanten".

49

Mit all Mann satten wi um Tafel to un leten uns dat Eten schmecken.

Na`t Eten hol Oma en groten Plastikkumme un stell de up Tafel. Water harr se al vör Tied kookt, Pril darin un los gung dat Ofwaschen. Mit all Mann weer dat ruckzuck doon. De Mannlüü harren sük dat al gemüdelk maakt, mien Vader lagg in Stuuv up Sofa un Opa harr sük dat in sien Hörnstohl gemüdelk maakt, Foten up Ovend un ut dat Radio düdeln al de Lustige Musikanten. Sien Foten gungen in Takt van de Musik mit. Ogen dicht un Hannen övernanner, so lag he in sien Hörnstohl un luur de Musik. Ut dat Radio dröhn Ernst Mosch mit „Vergiss die Heimat nie" un so wieder. Bit half dree lagg Opa in sien Hörnstohl, do gafft dat Tee.

So langsam trudeln ok de Unkels un Tanten mit Kinner in. Sönndags truffen se sük mestens in`t Ollenhuus. Oma harr Saterdags al en mojen Appelkook backt. De Appels hungen genoog an d` Boom. Man mit all Mann weer de Kook flink upeten. Wi Kinner kregen en Stück up Hand und kunnen na buten to spölen. En Stünnen of twee bleven de denn ok sitten un drunken Tee un eten Kook. Kört vör `t Melken mussen all weer verschwinden, ohn noch eben dör d` Tuun to lopen. Eben kieken, wo de Tuffels stunnen un dat Gemüüs wassen de. Kunn ja wesen, dat se noch en bietje ofstuven kunnen. En paar Tuffels oder en Kooksel Bohnen kreeg bolt jeder. So gung de moje Sönndag ok vörbi. Oma un Opa kunnen sük en beten verholen van der harte Week in Stall oder up Land.

Enfach weer dat fröher nich, ok wenn se blot en lüttje Buurkeree harren. Avers allens muss man mit Hannen doon. Grote Maschinen, so as vandag gafft dat do noch nich. Peerd un Wagen un Förk un Harke, dat weren domals de Maschinen, de se harren. Mehr kunnen de sük nicht leisten. Un trotzdem weer dat en moje Tied, avers stur.

Eten un Drinken

Kolt weer dat worden. „Man kann de Sneei al ruken!" segg Opa. He muss froh in d` Stall un de Kohen melken un Swien foren. „Treck man dicke sülms breide Socken an, dat du di nich verköhlen deihst oder Blaas in Entzündung kriggst!" seggt Oma. Se harr immer en bietje Sörg um hüm. „Ik bün en ruug Hund, ik kann woll en bietje Koll of! Un so kolt is dat nu ok noch nicht!" He truck sien Stevels an un gung in d` Stall.

Dar was dat mooi warm. De Deeren stunnen up Kohstall un luren al, dat se de Jüdders los kreggen. Nu weer dat al Anfang November un noch weer kien Sneei fallen, avers dat dürs nich mehr lang, denn dat weer al busig kolt buten. De Sömmer was mooi warm un ok en of anner Schuur Regen weer daalkamen. Hei, Tuffels un Runkels harr dat düchtig geven un ok Gemüüs ut Tuun harr Oma all in`t Glas maakt. Bohnen, Gurken söött un suur, Kürbis, rood Beten stunnen in d Keller up Boòrd. Ok Suurkohl harr se in en Püllpott insett. De Winter kunn kommen, verschmachten de kieneen. En dicke Schwien harr sien Leven laten musst un Schinken un Mettwurst hung an Böhn to drögen. Ok Gröönkohl harr Opa anplant. De weer nu bold sowiet, dat de ok in d` Pott kunn. „En goden Nachtfröst denn köönnt wi de eten!" segg Opa. „Ik heb daar richtig Sinn an!" reep he Oma to. „Sobald dat froren hett, kook ik di en Pott full. Mit en goden Stück Speck un Mettwurst." seggt Oma. Oma wull Appels schillen un Appelmus maken. Dat muss nu gahn, wat Appels weren al wurmstekerg, de mussen unnert Foten weg, anners wurren de rötterg un dat wull Oma nich. De kunnen noch good to Appelmus denen. „Oma, kann ik di helpen to schillen?" froog ik Oma. „Hol di man en Schillermesst ut Tafellaa. Avers snie di nich in Fingers!" mahn se. Wi mussen as Kinner ok al mithelpen un hebbt in junge Jahren al vööl lehrt.

So good as dat gung, hebb ik de Appels schillt. Oma hett de Wurmsteken ruut maakt un de Appels up Stücken sneden. So weren de flinker gaar. „Kiek weer wat lehrt!" doch ik. Ik heb Oma noch hulpen de Appelmus in Glasen to maken un ok en bietje daarvan to schlickern. Dat weer so lecker. Zucker un en bietje Zitronensaft harr se daar andoon. De Keller wurr vuller un vuller. „Oma, wat koken wi noch in?"froog ik hör. „Kind, dat meeste steiht al in d` Keller, avers möörn will ik noch Peren inkoken. Ik hebb noch de Steenperen van Tant Mimi stahn, de mööten ok noch inkookt worden. „Ik help di daar möörn bi!" reep ik. „Avers nu mööt ik noch wat spölen. Ik wull noch mit mien Fründin up Padd, avers dat bruuk Oma ja nich al weten. De weer so mit dat Inkoken togang dat se ok gar nich nafraagt hett.

So sacht un sinnig wurr dat ok düster buten. Opa kweem in Köken un froog, wat dat to Avendbrot gafft. „Ik hebb Appelmuus maakt, dat kannst mit en Stück Stuut eten!" seggt Oma. „Ik braa di noch en paar Eier un denn kannst di eerst weer över Nacht helpen!" „Un daar en mooien Tass Tee bi!" freu he sük. „Eten un Drinken holt Liev un Seele tosamen, dat is so!" segg Opa un freev sien Liev.

De Bostrock

Winterdag, kolt as man wat. Dat froor Backsteen. In Fenster kunnst Iesblömen sehn. Wi Kinner satten up Sofakant un pusten lüttje Kieklocken an dat Fenster. Mörgens wassen wi ja al froh to Benen un dat düürs immer sien Tied bit de Ovend in Brand weer un dat mooi warm in Köken was. Holt un Törf harren wi genoog, Oma schmeet immer good wat na. Wenn dat denn mooi warm in Köken weer, harrst ok woll maal Schweet vör d` Kopp. Richtig gemüdelk weer dat. Avers wi mussen ja na d` School hen. Daar gung ja nu keen Weg an vörbi. Lever weer uns ja, dat wi in Huus blieven kunnen un en Schneekeerl bauen un uns natte kolle Foten holen denen.

Oma weer al fliedig ween un harr uns elk en mooi Bostrock strickt. Ut Schaapswull, dat harr se van en Naversfroo köfft. Avends satt se to stricken und breije wat de ruut wull. „ Ji sölt dat mooi warm um Moors hebben!" segg se. De weer so lang strickt, wenn daar noch Benen an weren, sachst ut, as wenn van Maan kweemst. Opa meende, dat he ok woll so en Bostrock hebben wull, en mit Benen un Foten , denn bruuk he ja kien Socken mehr. „ Du büst en ollen Kauelmoors!" seggt se. „Laat mi man breijen." De Kinner sünd blied, wenn se wat warms um Moors to hebbt." De mussen wi nu antrecken. Eerst de anner Kleer ut un denn kweem dat Ding an. Nackend stunnst in Köken to trillern, eerst Bostrock an, denn Hemd un Schlüpfer daar över, Büx un Pullover an, klaar. Up Rad un ab na d` School.

Dat weer mooi warm, daar harr Oma recht mit hat. In School brann de Ovend ok al un na en Tour mit Rad kunnst eerst weer updauen. School fung an un wi satten al mit rode Koppen in en Klasse to schrieven. Veer Klassen in en Ruum. Mien Süster, en Jahr jünger as ik, satt vör mi un fung an, sük to krabben. Eerst up Rügg un denn up Arms. Se krabb un krabb. Do fung dat bi mi ok an to stiekeln un jöken.

Uns Mesterkes keek al so komisch. „Was kratzt ihr euch die ganze Zeit?" froog se. „Ihr habt doch hoffentlich keine Läuse?" Wi mussen na vörn hen, nu hett se uns eerstmaal unnersöcht. Nee, Luus harren wi nich, avers dat Jöken weer to leep. Mien Süster harr al Tranen in Ogen. Se weer ja noch man in eerste Klasse. „ Ihr geht jetzt nach Hause! Eure Mutter muss mit euch zum Arzt, vielleicht habt ihr ja die Windpocken oder die Masern." Se gaff uns en Zedel mit un wi dürsen na Huus. Oma keek, as wi al so froh weer in Huus weren. „Wat is denn mit jo los? Wieso sünd ji nich in School?" Se keek van een up anner. Mien Bröör segg: „Wi hebbt Luus."

„Wat hebbt ji? Oma schlog Hannen boven Kopp. „Oh jeket nee, ok dat noch!" reep se. Ik keek mien Bröör an. „Dat stimmt doch gar nich. Wi hebbt doch kien Luus." „Nee," seggt he, „Avers so könnt wi en paar Daag in Huus blieven. Gar nich so dumm, wa." He griende över d` heel blot Moors un krabb sük eerstmaal daar, waar he egentlik nich mit sien Hannen hen sull. „ Wi gahnt futt na buten un bouen en Schneekeerl." reep he. „ Dat harrst woll geern! Nix daarvan, eerst ut de Plünnen ruut un denn will ik eben kieken, waar de Luus all sitten."

De ganze Prozedur weer van vörn, Pullover un Büx ut, Hemd un Schlüpfer ut un denn de Bostrock. De ganze Rügg un Bost weer rood un dat jöök, dat kunnst nich utholen. „Wat is dat denn? Liggt dat an de Bostrock? Ji woren doch woll nich krank? Luus hebbt ji avers nich." segg Oma. „Dat mööt van de Bostrock kommen." Ji blieven nu eerst in Huus, bit jo Moder weer daar is," kommandeer se uns. „Viellicht woren ji ja ok krank."

Nix mit Schneekerl bouen. Wi kunnen de ganze Dag in Köken sitten un wachen bit uns Moder weer in Huus was. Do gung dat nochmal weer los, Büx un Pullover ut, Hemd un Schlüpfer un nochmal nakieken. „ Dat liggt an de Bostrock!" segg uns Moder. Dat sücht nich ut, as wenn dat Messel oder Windpocken sünd. Un krank föhlen de Kinner sük ja ok nich. Se reev uns mit Salve in un anner Dag

weren wi weer gesund un mussen weer na d`
School hen. Wi bruken avers de Bostrock nich
mehr antrecken. Ok wenn Oma dat daarmit good
meent hett. Se hett Opa daar denn Socken van
strickt. Sien Foten kunnen dat woll of. He harr nu
för en heel sett warm Poten.

Överraschung an Wiehnachten

Wiehnachten weer al bold weer vörbi. Tweede Wiehnachtsdag un nu kehr ok för Oma un Opa Ruh in't Huus. Kinner un Enkelkinner weren eerste Wiehnachtsdag al daar west. Oma harr en Torte backt un Neeijahrskoken up Disk kregen, ok wat Sötigkeiten harr se besörgt. All Enkelkinner harr se en paar Socken strickt. Mennig Avend klappern de Stricknadels un faken weer Oma daar bi in d' Schlaap kamen. Avers se harr de Socken bit Wiehnachten all klaar kregen. En lüttje Spööltüügg för jeden lagg ok unner d' Wiehnachtsboom.

Nich vööl, en Spööltüüggauto för de Jungs un en lüttje Puppe för de Wichter. Daarto gafft dat noch en Wiehnachtsmann ut Zuckerlaa. All Kinner weren tofree un Oma freih sük.

Nu weer de tweede Wiehnachtsdag un Oma un Opa satten in Stuuv unner d' Wiehnachtsboom. Oma weer an't Stricken un Opa harr de oll Plattenspöler in Gang brocht. Ronny mit „Leise rieselt der Schnee" düdel al för't darte Maal. „Kannst nich mal en anner Lied upleggen?" froog Oma. „Nee, wi hebbt blot dit en Leed to Wiehnachten!" segg Opa. Token Jahr wull he sehn, dat he noch en twede Schallplatte kriegen de. Immer dat sülvge Leed to hören, dat wurr mittlerwiel wat langwielig. „De Kinner hebbt güstern mooi sungen!" seggt he an Oma. „Un sovööl Leder. Dat hebbt de seker al in d` School lehrt." seggt Oma. Opa harr Ogen dicht maakt un luur dat Leed van Ronny un Oma weer bi hör Stricken ok in d` Schlaap kommen. Buten fung dat so sacht an to snejen.

Up enmal kweem mien Bröör in d` Stuuv un bölkde Opa an. „Opa kumm gau mit in d` Stall! En Koh blött ut Moors!" reep he. Mien Bröör muss up Plumpsklo un achter de Kohje lang, un daarbi harr he sehn, dat en Koh dat nich good gung. Opa sprung up un leep achter mien Bröör an. In Stall stunn de Koh un brull hör Glück ut. „Oh jasses!" reep Opa. „ De Tied is doch noch gar nich um, waarum kummt dat nu denn al!" „Gah hen un hol dien Vader, de mööt mi helpen!" segg he an mien Bröör. De Benen van dat Kalv weren al to sehn. Nu düürs dat nich mehr lang un dat Kalv weer geboren. Mien Bröör stunn mit open Mund un keek sük dat Spektakel an. Noch noit harr he sehn, wo en Kalv geboren de. „ Fang hüm up, fang hüm up!" reep he an mien Vader. „ De knallt futt so up Grund, denn is de dood!" reep he. Opa harr fix Stroh utstreet, de Kalv kunn week fallen. De Koh brull noch eenmal good un do gleed dat Deert sacht un sinnig ruut. De Koh slickde hör Kalv mooi schoon un na en paar Minuten fung dat Deert an un stunn up. Wat wackelig noch, avers he stunn.

Opa weer blied. „Dat word maal en gooden Bulle!" freih sük Opa. „Opa, wo weetst du dat, dat dat en Bulle is?" froog mien Bröör. „De hett kien Jüdder!" seggt Opa. „Denn is dat en Bulle." He weer blied dat de Kalv ohn Hülp up Welt kamen is. Opa hett dat Kalv noch mit Stroh ofreben un do kunn dat Deert bi sien Moder de eerste Mahltied drinken.

Mien Bröör stunn mit grode Ogen un keek van en up anner. „Opa!" reep he. „Dat Kalv mutt noch en Naam hebben." „Jo, överlegg di man, wo de hetten sall!" seggt he. „Ik weet al wat. De heet Jesus. De is ok Wiehnachten geboren!" „Wo sall de heten? Jesus? Nu sleiht ja woll darteihn.Du kannst dat Kalv doch nich Jesus nömen!" „Waarum nich, so weest du immer wenner dat Kalv geboren is!" „Dat weet ik ok so!" reep Opa. Avers mien Bröör gaff nich up un so heet dat Kalv Jesus. Un immer wenn Oma mien Bröör froog waar Opa is, denn segg he: „De is bi Jesus."

Kollen Snuut

Opa sien Geburtsdag stunn an. Uns Oma wull Kook backen. Eerst en feinen Bottercremetorte un denn noch de kolle Schnut. Bi d` Backer harr se noch en Plaat Appelkook bestellt. De Lüü, de kommen, sullen good wat up Teller hebben. Pastoor harr sük ok anmeld, denn noch Stück of wat Navers, Kinner un Enkelkinner, dat weer meenig en, de daar kweem.

Ji fraagt jo nu seker, wat de kolle Snuut is. Dat is lecker, avers leep sööt un de hett gewaltig Kalorien. Wat Lüü seggt daar ok Kalter Hund an. De word mit Schokolaa un Botterkeks maakt. Fett kummt daar ok noch in.

Ik muss mit Rad na d` Koopmann jükeln un Kakao, Botterkeks un Palmin holen. „Na, willt ji kolle Snuut backen?" froog de Koopmann. „Jo, Opa hett Geburtsdag un Oma will backen." „Denn komm ik möörn to probeeren," segg de Koopmann. He hett mi de Saken binanner söcht un ik düürs mi noch wat ut de Bontjedöös nehmen. Mit mien Inkoop bün ik weer na Huus hen fohren. Oma harr de Cremetort al klar. De stunn al in d` Keller to köhlen. De Förm för de kolle Snuut harr se utleggt mit Botterbrotpapier. Mien Bröör satt in Sofa un slickde de Pott mit de Rest van de Bottercreme ut. Tüschenin kunnst hum rülpsen hören. Daar weer doch temelk vööl Fett in. Um sien Muul rum wass Deeg, Fingers un Kleer weren ok vull. „Wat büst du en old Schwien, gah hen un maak dien Mund un Hannen schoon!" schull Oma.

Se wull nu de kolle Snuut moken. Palmin un Kakao harr se al torecht. De kweem nu schichtwies mit de Botterkeks in de Förm. Solang bit de Förm vull weer. Wi hungen mit Koppen up Tafel un keken Oma to, wo se dat maken de.
„Noch en Schicht? Denn blifft ja nix mehr van de Schokolaa över!" meend mien Bröör. „Du kriggst Lievpien, wenn du all man weg van de Deeg slickern deihst. Dat geiht nich good." Oma harr Sörg, dat he Buukpien kreeg.

Mien Bröör wull avers nich hören. He harr sück al de Pott grepen un slicker de Resten daar ruut. Dat dürs ok nich lang un mien Bröör fung an to jaueln. „Oma, ik bün heel komisch togang. Ik glööv, ik mööt mi breken." He weer heel witt in`t Gesicht. „Ik hebb mi dat docht, dat dat nich good geiht!" reep se. „Du hest sülms schuld. Gah na Buten an d` friske Luft, viellicht helpt dat." He wur all witter um Nöös. „ Oma, de kotzt di hier futt in d` Köken! Futt is dat sowiet," segg mien Süster. Se harr dat noch gar nich to End seggt, do kweem mit Schwung de kolle Snuut ut de Maag van mien Bröör ruut. He kunn noch nett de Pott griepen, waar de Schokolaa inwest harr. In Gulpen flog dat weer ruut. Oma schull mit hüm: „Dat hest du nu daarvan." Mien Bröör keek hör an, hull de Pott unner Omas Nöös un seggt: „ Wenn du wullt, kannst dat weer kriegen. Ik bün nu satt."

Dat Plumpsklo

Fröher gafft dat in de olle Huusen noch kien Spöölklosett. Wenn ik up Klo muss, gung ik dör d` Stall ganz na achtern up dat Plumpsklo. Plumpsklo heet de, wiel de Schiet daar direkt in Jierback plumpsen de. En Emmer mit Water stunn immer tegen d` Klo. De Klo weer ut Holt und boben drupp lag een Deckel. In Winterdaag bruukst di nich lang up dat Ding upholen, denn kreegst en kollen Moors. Egentliek weer dat en Gruus, wenn ik daar up muss. In Sömmer flogen di dusend Flegen um Moors to, un in Winter kreegst Iesjöckels. Dat leepste weer för uns, wenn wi nachts na`t Klo mussen, immer achter de Kohen lang. Un bi dat Glück wat man ja harr, fungen de ok noch an to schieten, denn harr man ok noch Kohschiet an`t Nachtgewand.

Meest muss man ja nachts blot dat lüttje Geschäft maken, dat kunnst denn ok vörn an in d` Graup erledigen. Wi sünd ja mit enigen Deren upwursen, avers dat wat daar in d` Graup seet, weeren kien Huusderen. In d` Graup satten Musen un, de susen daar hen un her. Ik hebb mi daar immer vör gruselk, wenn ik nachts maal up muss.
Klopapier, wat dreelagig oder mooi week weer, gafft dat ok nich, wenn Moors schoon hebben wullst, nohm man Zeitungspapier. De wurr in Stücken reten un lag tegen dat Lock oder up de

66

lüttje Fensterbank, dat gung ganz good. Bietje anennanner rieben, denn bleev dat Gaudje daar beter an sitten.

Nu weer dat ja so, dat mien Süster ok mal Nachts up dat Plumpsklo muss. Se nohm her Teddy mit ut Bedd un strumpel in Halvslaap dör d` Stall. Deckel van Klo of, sitten und good drücken. Klar. Zeitungspapier knütjen und dat Achterdeel ofwischen. As se en Stück Papier kött reet, stöttde se an de Teddy, de tegen hör lagg. Do maak dat enmal plumps un de Teddy lagg in`t Klo. Man nu weer Holland in Nood. Mien Süster weer up enmal hell wacker. Se hett dat ganze Huus bölkt. „Mien Teddy, mien Teddy!" brull se. Se gier so fast, dat Oma un Opa dachten, dat mien Süster van en Koh hauen weer. Oma kwamm in Stall schittern. „Wat is hier denn los? Büst in`t Klo fallen? Hett di en Koh trappelt? Wat is denn los, Kind? Wat blarrst denn so?" rep se.

„Nee," brull mien Süster. „Avers Jürgen is daar infallen." Se kunn sük gar nich weer bedoren. Ik mööt daarto seggen, Jürgen weer de Naam van de Teddy. „Jeket nee, wo hest dat denn henkregen?" froog Oma. „Weet ik nich! Up enmal lag de in`t Klo." Mien Süster brull Schnött un Quiel. Nu muss Opa ok noch to d` Bedd ruut. De Teddy muss ja weer to d` Klo ruut. Opa düwel allwech vör sük hen." Wo kriegt ji dat blot immer hen, olle Kinnerschiet!"

schull he. He hett avers Hark un Schüpp holt, un hett Jürgen weer to d`Klo ruut holt. De sach nu heel nich mehr mooi ut, stinken de he bovendem. Mien Süster weer blied. Se wull Jürgen futt in Arm nehmen un mit hüm kuscheln. „ Du packst mi de Teddy nu nich mehr an!" schull Oma. „In Bedd kannst du Jürgen ok nich mehr mitnehmen. De stinkt as en Otter!" reep se. Anner Dag hett Oma de Teddy denn erst in en ollen Kookpott hat, wor se anners ok woll olle Handdocken in utkookt hett. Jürgen blubber so en Stünn vör sük hen. De weer gaar, as he ut de Kookpott kweem. Good bekommen is hüm dat nich. Man kunn woll noch ahnen, dat dat mal en Teddy west hett. Sien mooie Fell weer hennig krömmelig. Oma hett hüm denn up Lien hangen to drögen, dar muss he nu en paar Dagen hangen. Na twee Dagen harr mien Süster hör Teddy weer. Se hett hüm noit nich weer mit up dat Plumpsklo nohmen. De Teddy hett dat Plumpsklo good överstahn, un sitt bi mien Süster ok noch na över 40 Jahr bi hör up Bedd.

Resümee

Dit weer nu mien letzte Geschicht ut mien Kinnertied. Mennigmaal bün ik mit mien Rad de olle Streck na mien Oma un Opa`s Huus henfohren un daarbi sünd mi de Geschichten, de wi beleevt hebbt, weer infallen. Faken muss ik lachen, wenn mi weer wat infallen de, wat wi utfreten hebbt. Wi weren bi Liev kien Engels un hebbt uns Ollern un Grootollern immer up Trapp holen. Wi hebbt Schellens hat un ok of un to de Ohren lang trucken kregen, avers dat weer immer gau vergeten. Wi mussen in`t Huus mithelpen, wat wi kunnen. Kanienen fouern, Eier ut Nüst holen, mit ofwaschen, Steert van Kohen fasthollen, all so lüttje Saken, de wi kunnen as lüttje Knevels. Wi hebbt noch wat lehrt van uns Ollern. Un immer bleev noch Tied to spölen. Hütten bouen, mit Knickers achter`t Huus in Sand spöölt, mit Stocken un Stenen spöölt, Oma gaff uns hör utdeent Schlüpfergummi, waar wi mit Gummitwist spöölt hebbt. Wi weren de ganze Daag an d` friske Luft un hebbt uns utjuchtert. Wi harren immer vööl Spass un Pläseer. Wi hebbt nie Langwiel hat.

Kleer wurren updragen. Wat mi nich mehr passen de, kreeg mien Süster. Nich so as vandaag, waar de Kinner mit Markenkleer na d` School gahnt. Wi harren kien Handys oder Konsolen, un ok in uns Kinnerzimmers stunn kien Flimmerkist. Wi gungen immer mitnanner na d` School. Een stunn för de anner in. Wi weren veer Klassen in en Klassenzimmer, un de groten hulpen de lüttjen.

Ik sehn mi faken na mien Kinnertied torüüg, na dat wunnerbaar mitnanner, na de olle Tied, waar man Avends mööi un tofree in`t Bedd gung. Daarna dat de Minsken noch Tied harren un sük ok tegensietig besöken.

Mittlerwiel leven wi in en Tied, waar dat blot noch um flinker, grötter, hoger un wieder geiht. Avers wat segg mien Oma immer: „Sacht lopen kummt van sülms." Ik hoop, ji kunnen jo in de een of anner Geschicht rin versetten un ik hebb jo en blieden Moment schunken, dat würr mi besünners freien. Leev Gröten un blievt gesund un munter.

Monika Müller